AF235845

Pubertät gemeinsam durchstehen

Wie Sie die verschiedenen Phasen der Pubertät leicht verstehen, Ihr Kind optimal durch die Pubertät begleiten und auch in stürmischen Zeiten eine liebevolle Bindung aufrechterhalten - inkl. der 10 besten Tipps für Eltern

Annette Friedwald

INHALT

Das erwartet Sie in diesem Ratgeber

Knallende Türen, Wutausbrüche und Tränen, muffige Zimmer, keinen Bock auf gar nichts, eine Diskussion jagt die nächste. Gerade noch himmelhoch jauchzend, dann wieder zu Tode betrübt. Na, kommt Ihnen das bekannt vor? Dann haben Sie vermutlich auch einen pubertierenden Jugendlichen zu Hause. Liegen Ihre Nerven schon blank und haben Sie bereits ein Stoßgebet gen Himmel gesandt, damit der Spuk bald ein Ende haben möge? Dann sind Sie hier genau an der richtigen Stelle.

Wir klären einmal grundlegend auf, was die Pubertät ist und was genau in dieser Zeit passiert. Dabei unternehmen wir einen kleinen Exkurs in Themen der Biologie und Neurowissenschaft. Wir tun das, was Sie sich im Alltag vermutlich oft genug wünschen – wir schauen in die Köpfe der Jugendlichen. Ins Gehirn, um ganz genau zu sein. Liegen hier womöglich die Antworten auf so manche Fragen?

Welchen Stellenwert hat Freundschaft? Wie wichtig werden Kontakte zu Menschen mit den gleichen Interessen? Erleben Jungen und Mädchen die Pubertät auf dieselbe Art und Weise oder gibt es auch hier Unterschiede? Was tun, wenn die schulischen Leistungen immer schlechter werden? Lassen sich Pubertät und Schule überhaupt jemals unter einen Hut kriegen? Warum ist mehr Rebellion gleich besser für die Entwicklung? Was brauchen Jugendliche?

Wir führen Sie anschaulich durch die einzelnen Phasen der Pubertät und klären auf, warum die Pubertät – über die Jahre hinweg beobachtet – immer früher einsetzt. Diese und weitere Themen rund um die spannende und nervenaufreibende Phase der Pubertät werden in diesem Ratgeber behandelt. Aber es bleibt natürlich nicht nur bei der Theorie. Sie bekommen nützliche Tipps an die Hand, mit deren Hilfe Sie den Alltag in der Familie entspannter gestalten können. Wenn Sie diesen Ratgeber gelesen haben, werden Sie verstehen, welche Prozesse der Wandlung Ihr Kind gerade durchläuft, und werden es besser begleiten können.

Pubertät – Was ist das eigentlich?

WAS IST PUBERTÄT?

Die Pubertät ist eine Phase im Leben eines jeden Menschen, die von gravierenden Veränderungen geprägt ist. Sie setzt bei jungen Menschen im Alter von etwa zwölf Jahren ein, wobei es hier häufig einen Unterschied zwischen Jungen und Mädchen gibt. Die Pubertät ist eine Zeit der Identitätsfindung und des Umbruchs.

Unsere Kinder sind nicht mehr Kind, aber auch noch lange nicht erwachsen. Auf dem Weg in Richtung Erwachsenwerden tun sich einige Fragen auf. Wer bin ich? Wer möchte ich sein? Wie möchte ich sein? Was gefällt mir? Wer gefällt mir? Und das ist noch lange nicht alles gewesen. Jugendliche und Heranwachsende werden unter anderem mit Themen wie dem Entdecken und Auseinandersetzen mit der eigenen Sexualität, körperlichen und geistigen Veränderungen, Erfahrungen mit Alkohol und manchmal auch Drogen, diversen Versuchungen und teilweise sehr schmerzhaften Erfahrungen mit sozialen Kontakten konfrontiert. Dies ist gleichzusetzen mit einem Freiticket für die Gefühlsachterbahn – Kopf-Chaos vorprogrammiert.

Wenn Sie vermuten, dass Ihr Kind kurz vor Beginn der Pubertät steht, dürfen Sie sich auf knallende Türen, muffige Jugendzimmer, eine Menge Widerstand und noch mehr Tränen einstellen. Oder befinden Sie und Ihr Kind sich bereits mittendrin im Sturm der Pubertät? Dann wissen Sie ja, wovon ich spreche. Jugendliche in der Pubertät rebellieren nicht nur gegen die Eltern, sondern in erster Linie gegen sich selbst.

Wichtig ist, zu wissen, dass es sich auch bei der Pubertät um eine ganz normale Phase der Entwicklung im Leben eines Menschen handelt. Sie ist sogar vergleichbar mit der sogenannten Trotzphase im Kleinkindalter. Wobei man einem trotzigen Kleinkind noch wesentlich einfacher Herr wird. Als sich der Zweijährige heulend und strampelnd im Supermarkt auf den Boden warf, konnte man ihn immer noch einfach schnappen und wegtragen; das funktioniert nun mit dem Fünfzehnjährigen nicht mehr so gut. Das von einem Kleinkind am meisten genutzte Wort in der so wichtigen Trotzphase ist wohl das „Nein".

„Hast du Durst?" – „Nein!"
„Möchtest du spielen?" – „Nein!"
„Zieh bitte deine Schuhe wieder an." – „NEIN!"
„Jetzt ist aber Schlafenszeit!" – „Nein!"

Im Laufe der Jahre wird aus dem „Nein!" dann häufig das „Nichts!" Probieren Sie es ruhig aus, fragen Sie Ihr pubertierendes Kind.

„Was möchtest du essen?" – „Nichts!"
„Worauf hast du denn Lust?" – „Nichts!"
„Was ist denn los?" – „Nichts!"

Na, kommt Ihnen das bekannt vor? Jugendliche können sich oft nicht entscheiden, was sie wollen. Manchmal geht es auch einfach darum, gar nicht zu wollen, zu rebellieren und sich in Widerstand zu erproben. Vielleicht ist im Kopf gerade auch einfach zu viel los, als dass man sich auf solch nebensächliche Dinge wie schulische Leistungen, familiäre Absprachen und

Verpflichtungen, wichtige Termine oder die Entscheidung, was es zum Abendessen geben soll, konzentrieren könnte. In dieser so aufregenden und gleichzeitig kräftezehrenden Zeit wird von unseren Kindern einiges verlangt. Neben den bereits aufgeführten Herausforderungen, denen sich unsere Kinder früher oder später stellen müssen, sollten sie gleichzeitig gute Noten mit nach Hause bringen, einen Abschluss machen, sich für einen Beruf oder ein Studium entscheiden, nett und höflich sein und sich immer korrekt verhalten.

Ziemlich viel verlangt. Aus Sicht unserer Kinder betrachtet ist die Pubertät wohl die Zeit, in der vor allem die Eltern, oder generell die Erwachsenen, anstrengend werden.

ANNETTE FRIEDWALD

WAS PASSIERT WÄHREND DER PUBERTÄT UND WIE LANGE DAUERT DAS GANZE? EIN KLEINER EXKURS IN DIE BIOLOGIE UND DIE NEUROWISSENSCHAFT.

Mit dem Einsetzen der Pubertät gehen gehörig viele körperliche, aber auch geistige Veränderungen einher. Das Kind wächst. Nicht nur die Körpergröße ändert sich teilweise von einem auf den anderen Tag immens, auch einzelne Körperteile wachsen. Die, die bereits vorhanden waren, werden größer. Deswegen trägt der Fünfzehnjährige nun auch dieselbe Schuhgröße wie der Papa. Es werden aber auch neue Körperteile ausgebildet.

Das ist wiederum der Grund, warum die Zwölfjährige nun gern Bustiers unter den Shirts tragen möchte. Haare wachsen auch. Im Gesicht, an den Beinen und Armen, teilweise auch auf der Brust und natürlich an Körperteilen, die Sie als Eltern nun nicht mehr so schnell zu Gesicht bekommen werden – Schamgefühl lässt grüßen. Wussten Sie, dass das Wort „Pubertät" vom lateinischen Wort „pubes", welches „Schamhaar" bedeutet, abgeleitet werden kann? Ebenfalls gibt es in der lateinischen Sprache das Wort „pubertas", welches mit „Geschlechtsreife" übersetzt werden kann.

Grundsätzlich lässt sich die Zeit des Erwachsenwerdens in zwei Phasen unterteilen. Die Pubertät findet in erster Linie zwischen dem zwölften und vierzehnten Lebensjahr statt. Darauf folgt dann die sogenannte Adoleszenz. Zu einem späteren Zeitpunkt werden wir uns noch einmal genauer den einzelnen Phasen der Pubertät widmen. Die Adoleszenz kann sich sogar bis über das zwanzigste Lebensjahr hinausziehen. Nein, mit achtzehn Jahren ist der ganze Spuk leider noch nicht vorbei.

Wie bereits in der Einleitung versprochen, schauen wir nun endlich in die Köpfe der Jugendlichen. Denn auch hier passiert jetzt einiges. Auch das Gehirn wird komplett umstrukturiert. Diese neuronalen Umbauarbeiten ziehen sich durch die gesamte Zeitspanne der Pubertät. Dabei wird das Gehirn grunderneuert. Nach und nach werden einzelne Hirnareale somit wegen Renovierungsarbeiten vorübergehend geschlossen. Als letzter ist der Präfrontale Cortex, vereinfacht ausgedrückt der Stirnlappen, an der Reihe. Dieser trägt seinen Namen, weil er im vorderen Bereich des Gehirns, also hinter der Stirn, seinen Platz hat.

Und dieser kleine Übeltäter ist für all die Kapriolen verantwortlich, die vor allem im späteren Verlauf der Pubertät zum Vorschein kommen. Der Präfrontale Cortex ist unter anderem verantwortlich für das emotionale Bewerten, das Abschätzen von Gefahren und für das Planen von Handlungen, welche angemessen für die bestehende Situation sind. Befindet sich unser Freund, der Stirnlappen, aber gerade in der Umbauphase und ist somit vorübergehend außer Betrieb, funktionieren genau diese Dinge nicht mehr. Jetzt wird einiges klar, oder? Der Jugendliche verliert also für eine gewisse Zeit die Fähigkeiten, Situationen angemessen emotional zu bewerten, Gefahren richtig einzuschätzen und seine Handlungen vernünftig zu planen.

Menschen mit dauerhafter Schädigung des Stirnlappens haben ein Problem mit der Regulation von Aggressionen, Hemmungslosigkeit und Taktlosigkeit. Auch das kommt uns bekannt vor, nicht wahr? Der Umbau des Präfrontalen Cortex kann bis zur Vollendung des zweiundzwanzigsten Lebensjahres dauern. „Oje!", denken Sie nun vermutlich. Aber glücklicherweise ist diese Phase der Umstrukturierung kein Dauerzustand und geht irgendwann auch wieder vorbei. Und nach Vollendung dieser Phase arbeitet das Gehirn schneller und effizienter und ist allgemein leistungsfähiger.

Während der neuronalen Neuordnung des Gehirns ruhen zeitweise einige Hirnareale, beispielsweise die Impulskontrolle und die Gefühlsregulation. Sie erkennen diese Umbauphase des Gehirns sehr gut an den plötzlichen und spontanen Wutanfällen und Heulattacken. Aber auch Kompetenzen und Interessen, wie zum Beispiel ein Vereinssport oder das Spielen eines Instrumentes, werden schleifen gelassen oder bleiben völlig auf der Strecke. Diese werden aber häufig nach Vollendung der Umstrukturierung wieder aufgenommen. Denken Sie doch einmal an Ihre eigene Teenagerzeit zurück: Trifft diese Aussage auf Sie zu?

Haben Sie womöglich vor Beginn der Pubertät regelmäßig Klavierunterricht genommen, diesen während Ihrer Pubertät im Alter zwischen elf und achtzehn Jahren vollkommen vernachlässigt, weil Sie keine Lust mehr darauf hatten? Und spielen Sie nun wieder Klavier oder ein anderes Instrument? Oder sind Sie als Kind sonntags gemeinsam mit Ihren Eltern in die Kirche zum Gottesdienst gegangen, haben dieses Ritual im Teenageralter aber überhaupt nicht mehr gepflegt, wenden sich nun im Erwachsenenalter aber Ihrem Glauben wieder zu?

Sehr häufig kehren wir im Erwachsenenalter zu den Dingen zurück, die uns vor der Pubertät Freude bereitet haben. Dies gilt auch für den eigenen Glauben, denn auch die Findung und Identifizierung mit Religion und Glauben spielen in der Pubertät ebenfalls eine Rolle. Genauso, wie während der Pubertät oft zum ersten Mal wirkliches Interesse an politischen Themen aufkommt.

IST ES WAHR, DASS DIE PUBERTÄT IMMER FRÜHER EINSETZT? UND WAS SIND DIE URSACHEN HIERFÜR?

Ja, die Pubertät setzt, über die Jahre hinweg beobachtet, tatsächlich immer früher ein.

Aufzeichnungen zufolge betrug noch im Jahr 1860 das Alter eines Mädchens circa siebzehn Jahre, wenn es zum ersten Mal seine Periode bekam. Im Jahr 1920, also sechzig Jahre später, betrug das Alter, in dem ein Mädchen zum ersten Mal seine Periode bekam, schon nur noch beinahe fünfzehn Jahre. Die aktuellen Zahlen belegen ein Alter von knapp dreizehn Jahren bei Eintritt in die Pubertät bei Mädchen. Diese Zahlen stammen aus dem Jahr 2007 und wurden vom Robert

Koch-Institut (RKI) erhoben. Für weitere Forschungen zu diesem Thema fehlen jedoch laut RKI die Kapazitäten.

Vor allem bei Mädchen beginnt die Pubertät mit Einsetzen der Regel immer früher. Jungen hingegen erreichen die letzte Phase der Pubertät später und diese zieht sich mehr in die Länge. Wann die Pubertät bei dem jeweiligen Individuum einsetzt, ist zum einen genetisch bedingt, zum anderen aber von unzähligen Umweltfaktoren abhängig. Übergewicht und Stress, vor allem in den frühen Jahren der Kindheit, begünstigen einen verfrühten Eintritt in die Pubertät. Übergewicht im späteren Kindesalter hingegen ist nicht mehr ursächlich. Mangelernährung im Kindesalter, wie zum Beispiel bei einer Essstörung, zögern das Einsetzen der Pubertät eher hinaus.

Forscher gehen ebenfalls davon aus, dass diverse Hormon-aktive Umweltchemikalien Auswirkungen auf das weibliche Hormon Östrogen haben könnten und somit für ein verfrühtes Einsetzen der Pubertät verantwortlich sind. Eine dieser Substanzen ist das Bisphenol A, BPA genannt, welches sich in vielen Pflegeprodukten, Zahnbürsten, Konservendosen und sogar in Babyschnullern finden lässt. Diese Theorie ist allerdings noch nicht ausreichend belegt. Für ein eindeutiges Ergebnis bedarf es Langzeitstudien, doch diese sind aufwendig und teuer.

Starkes Untergewicht führt eher zu einem späteren Einsetzen der Periode. Dieses Phänomen ist zum Beispiel auch bei Frauen zu beobachten, die an einer Essstörung leiden und keinen geregelten bis gar keinen Zyklus mehr haben. Auch kennen manche Hochleistungssportlerinnen den teilweisen oder völligen Verlust des eigenen Zyklus.

Es ist sogar möglich, die Pubertät mit einer monatlichen Spritze zu stoppen, wenn Mädchen sehr früh, also vor dem achten Lebensjahr, ihre Periode bekommen und sehr stark darunter leiden. Es sind Fälle bekannt, in denen Mädchen schon im Alter von nur sechs beziehungsweise sieben Jahren zum ersten Mal ihre Regel bekommen haben. Diese Fälle machen zwar nur einen sehr geringen prozentualen Anteil der Zahlen aus, sind aber durchaus möglich. Diese Spritze enthält ein Antihormon, welches die Pubertät stoppen kann. Anstatt durch eine Spritze kann dieses Hormon aber auch durch ein Nasenspray verabreicht werden. Umgekehrt kann die Pubertät auch durch die Verabreichung eines Hormons eingeleitet werden, sofern es im fortgeschrittenen Teenageralter noch keine Anzeichen für den Beginn der Pubertät gibt.

Mittlerweile geht man auch davon aus, dass sogar die Erziehung als Umwelteinfluss zu einem Teil den Zeitpunkt der ersten Regel und somit den Eintritt in die Pubertät bestimmt. Vor allem Mädchen, die wenig Aufmerksamkeit und Unterstützung durch ihre Eltern bekommen, weil diese beispielsweise lange arbeiten oder allgemein in ihrem Job sehr stark eingebunden sind, bekommen im Schnitt früher zum ersten Mal ihre Tage. Der Körper bereitet sie also darauf vor, eine eigene Familie gründen zu können. Auch Töchter von alleinerziehenden Müttern kommen oftmals früher in die Pubertät. Die Abwesenheit des Vaters kann hier also auch eine Rolle spielen.

Forscher der Oxford University gehen davon aus, dass Mädchen, die später in die Pubertät kommen, gesündere Körper haben. Mädchen, die hingegen bereits vor dem dreizehnten Lebensjahr ihre erste Periode bekommen, sind einem höheren Risiko für Brustkrebs, Herzkrankheiten und einem zu hohen Blutdruck ausgesetzt.

Eine Langzeitstudie mit einer Dauer von über zwanzig Jahren der University of California besagt sogar, dass Mädchen, deren erste Periode erst nach dem dreizehnten Lebensjahr aufgetreten ist und deren

Menopause erst spät eingesetzt hat, eine große Chance haben, über neunzig Jahre alt zu werden.

Es besteht jedoch kein akuter Grund zur Beunruhigung oder gar zur Besorgnis, sollte bei Ihrer Tochter die erste Periode bereits vor dem zwölften oder dreizehnten Lebensjahr eingetreten sein, denn der größte Faktor, der bestimmt, wann bei jedem einzelnen Individuum die Periode einsetzt, ist in den Genen festgelegt und verankert. Wenn also die Großmutter oder die Mutter bereits frühzeitig an der Reihe war, so ist es wahrscheinlich, dass auch die Tochter ihre Periode früh bekommt. Zudem sind viele Studien sehr vage, einige widersprechen sich sogar gegenseitig. Grundsätzlich ist ein Eintritt in die Pubertät bei Mädchen zwischen dem zehnten und zwölften Lebensjahr vollkommen normal, somit auch die erste Periode.

Aber welche Auswirkungen hat das verfrühte Einsetzen der Pubertät auf den einzelnen Menschen?

Besonders gut belegt ist die Neigung und das Risiko, an Depressionen zu leiden, bei Mädchen, die sehr früh ihre Regel bekommen haben. Aber auch sogenannte Spätentwickler sind einem höheren Risiko für spätere Anpassungsstörungen im sozialen Umfeld ausgesetzt.

DIE DREI PHASEN DER PUBERTÄT UND WIE SIE DIESE SINNVOLL FÜR SICH NUTZEN KÖNNEN.

Die Pubertät lässt sich grob in drei Phasen unterteilen. Im folgenden Abschnitt werden diese Phasen benannt und es wird erklärt, was während der einzelnen Phasen passiert. Sie erhalten Tipps zum Umgang mit Ihrem Kind, die Sie sinnvoll für sich und das Zusammenleben in der Familie nutzen können.

Die frühe Phase (zehn bis zwölf Jahre)

Sie möchten neue Regeln aufstellen oder bereits bestehende Regeln festigen? Dann ist jetzt die vorerst letzte Chance dafür. Die Diskussionen werden mehr und erlangen bessere Qualität. Ihr Kind kann nun seinen Standpunkt klarer vertreten und seine Argumente besser formulieren als vor Beginn dieser Phase der Pubertät. Aber auch Ihre eigenen Argumente und Begründungen werden sehr genau unter die Lupe genommen und auf Tragfähigkeit geprüft. Ihr Kind will wissen, ob Sie Ihren Standpunkt tatsächlich gut durchdacht vertreten können. Sind Ihre Argumente und Begründungen zu dünn, so werden Sie es schnell merken. Ihr Kind wird es Ihnen schonungslos vorhalten. Diese Diskussionen sind wichtig. Auch, wenn Sie es manchmal leid sind, gehen Sie diesen nicht aus dem Weg. Ihr Kind kann aus gut geführten, fairen Diskussionen für den weiteren Verlauf der Pubertät und des Lebens und allgemein für seine Entwicklung zu einem starken, selbstbestimmten Individuum einiges mitnehmen und nur profitieren. Schaden können solche Diskussionen Ihrem pubertierenden Kind nicht, solange sie fair bleiben und auf einer guten Gesprächskultur basieren und aufbauen.

Ein weiteres, sehr großes Thema dieser Phase ist die Bewegung. Bei Kindern in diesem Alter ist immer noch ein hoher Bewegungsdrang vorhanden, der aber meist von den Kindern selbst gar nicht mehr wahrgenommen wird. Achten Sie darauf, dass sich Ihr Kind weiterhin sportlich betätigt. Beispielsweise in einem Verein oder unternehmen Sie als Familie eine gemeinsame Tour mit den Fahrrädern. In diesem Alter sind die Kinder oft noch an solchen Familienaktivitäten interessiert und nehmen an solchen gern teil. Sportliches Betätigen oder einfach die Bewegung an der frischen Luft sorgen für einen optimalen Ausgleich zum Sitzen im Klassenzimmer oder im heimischen Kinderzimmer. Eine Runde ums Haus zu rennen, kann bei erhitzten Gemütern pubertierender Kinder tatsächlich manchmal ein kleines Wunder bewirken.

Fördern Sie auch die Selbstständigkeit Ihres Kindes. Jetzt öffnet sich ebenfalls ein sehr gutes Zeitfenster hierfür. Übertragen Sie Ihrem Kind kleine Aufgaben, die es selbstständig erledigen kann. Fordern Sie es, aber überfordern Sie es bitte nicht. Dies kann sich negativ auf das Selbstwertgefühl Ihres Kindes auswirken. Wählen Sie Aufgaben, die das Kind definitiv bewältigen kann, und zeigen Sie Anerkennung, wenn es diese gemeistert hat.

Sie kennen Ihr Kind am besten und können sicherlich einschätzen, welche Aufgaben sich hierfür eignen. Räumen Sie Ihrem Kind nun auch ein Mitspracherecht für Dinge und Themen ein, bei denen es vorher keines gab. Sie zeigen dadurch Ihrem Kind, dass Sie anerkennen und akzeptieren, dass Ihr Kind nun auf dem Weg ist, langsam erwachsen zu werden und dass Sie es dabei bestmöglich unterstützen werden.

Die Hochpubertät (zwölf bis sechzehn Jahre)

Es folgt die hauptsächliche Phase der Pubertät. Unsere Kinder sind nun nicht mehr Kinder, sondern Teenager oder Jugendliche. Und das merken Sie, liebe Eltern, ganz deutlich. Ich rate Ihnen, Ihren Teenager nun das machen zu lassen, was er am besten kann: entspannen. Der Fünfzehnjährige will nur noch faulenzen, geht selten vor Mitternacht ins Bett, das Aufstehen fällt ihm am nächsten Morgen demnach nicht gerade leicht und die Wochenenden verschläft er komplett, wenn man ihn nicht weckt? Zudem wirkt er irgendwie verpeilt, so als wäre sein Gehirn dauerhaft im Stand-by-Modus? Ich kann Ihnen versichern, dass auch das völlig normal ist. In der Hochphase der Pubertät ändert sich der Biorhythmus des menschlichen Körpers drastisch.

Teenager im Alter zwischen zwölf und sechzehn Jahren werden später müde und sind somit am nächsten Morgen auch erst viel später wieder fit. Das Gehirn eines Teenagers ist am frühen Morgen noch nicht lernbereit und aufnahmefähig, was die ganze Sache noch schwieriger macht, da die meisten Schulen um acht Uhr mit dem Unterricht beginnen. Räumen Sie Ihrem Teenager Auszeiten ein. Lassen Sie ihn beispielsweise seinen Schlaf am Wochenende nachholen. Besprechen Sie gemeinsam, welche Aufgaben wichtig sind und trotzdem erledigt werden müssen und welche Aufgaben von niedriger Priorität sind. Diese können aufgeschoben werden. Wichtig ist aber, dies zu besprechen, damit Klarheit herrscht.

Zu der andauernden Müdigkeit kommt noch die „lange Leitung". Das jugendliche Hirn benötigt Zeit zum Denken. Entscheidungs- und Abwägungsprozesse dauern nun wesentlich länger als vorher. Bereiten Sie

Ihr Kind früh genug auf bevorstehende Entscheidungen vor und geben Sie ihm Zeit, die Möglichkeiten abzuwägen.

Was sich einmal in den Kopf gesetzt wurde, wird in dieser Phase der Hochpubertät oftmals mehr als ausdauernd und ehrgeizig verfolgt. Das ist gut. Gerade in Bezug auf sportliche Aktivitäten oder beim Lernen eines Instrumentes. Ist eine Leidenschaft erst einmal geweckt, verwandelt sich der sonst so träge Teenager plötzlich in einen ehrgeizigen und strebsamen jungen Menschen. Unterstützen Sie ihn dabei. Zeigen Sie Interesse an der Lebenswelt Ihres Kindes.

Die späte Phase (ab sechzehn Jahren)

Die Zeit der grenzenlosen Selbstüberschätzung beginnt. Jugendliche in diesem Alter können alles und wissen alles – vor allem besser. Dies kann einem schon gehörig auf den Zeiger gehen, ist aber sehr wichtig für die eigene Identitätsbildung. Denn genau die ist nun das Thema. Wir erinnern uns: Wer bin ich? Wer will ich sein? Wie will ich sein?

Wenn nicht vorher schon rebelliert wurde, dann geht sie genau jetzt los: die Rebellion. Der Teenager hat recht; die Eltern haben Unrecht. Der Kopf will durch die Wand. Wie Sie, liebe Eltern, es nun auch machen, es ist nicht richtig. Stellen Sie sich ruhig darauf ein.

Lassen Sie Ihr Kind auch einmal auf die Nase fallen. Das braucht es. Aber wichtig ist, dass Sie ihm danach auch wieder auf die Beine helfen, ohne es bloßzustellen. Scheitern ist erlaubt und in Ordnung. Ebenso ein zweiter oder auch ein dritter Anlauf. Wie heißt es so schön? Viele Wege führen ins gelobte Land – und Umwege erhöhen die Ortskenntnis. Pflegen Sie einen Fehler-freundlichen Umgang miteinander.

DIE SOZIAL-EMOTIONALE ENTWICKLUNG – UMSO MEHR REBELLION, DESTO BESSER!

Was hier erst einmal so Furcht einflößend klingt, hat aber tatsächlich eine Daseinsberechtigung: die Rebellion während der Pubertät. Wenn Kinder in die Pubertät kommen, wenden sie sich erst einmal von der Welt der Erwachsenen ab, obwohl sie sich alsbald mit großen Schritten selbst auf diese zubewegen. Als erste zaghafte Hinweise auf die bevorstehende Rebellion werden Sie bemerken, dass Ihr Kind Heimlichkeiten und Geheimnisse vor Ihnen hat. Kinder und Teenager schließen sich in dieser Phase der Pubertät immer häufiger im Bad oder im eigenen Zimmer ein. Womöglich ertappen Sie Ihr Kind auch beim offensichtlichen Lügen. Kinder zeigen sich plötzlich vor den eigenen Eltern nicht mehr nackt; das Schamgefühl setzt ein. Jetzt beginnt auch der sogenannte Starkult, in dem prominente Persönlichkeiten verehrt werden. Früher waren es eher die Musiker und Schauspieler, heute stehen aber vor allem YouTube-Stars und Influencer, die die Kinder aus den einschlägigen sozialen Medien kennen, ganz weit oben auf der Liste. Es werden Poster und Autogrammkarten an die Wände geklebt, sich wie das große Vorbild gekleidet und dessen Merchandise und Produkte gekauft.

In dieser Zeit bildet der Teenager auch seinen eigenen Musikgeschmack aus. Dieser kann unter anderem sehr schrill oder düster sein oder harte Texte enthalten. Jugendliche wollen sich von den bestehenden Werten und Normen und von den Vorgaben im Elternhaus abgrenzen. Und das um jeden Preis. Laute, extravagante und unkonventionelle Musik kann dabei helfen, den Anspruch auf Autonomie des Jugendlichen zu erfüllen.

Jugendliche fühlen sich jetzt unbesiegbar und den eigenen Eltern überlegen. Dies zeigen sie auch deutlich nach außen und lassen Sie das spüren. Ebenfalls fallen Jugendliche häufig in ein übersteigertes Rollenverhalten. Bei Jungen äußert sich dies zum Beispiel durch das typische „Macho-Gehabe". Es werden aber auch allgemein riskanteres Verhalten und mehr Wettkämpfe untereinander beobachtet.

Jungen möchten nun ständig ihre Kräfte mit anderen messen und ihre Männlichkeit unter Beweis stellen. Mädchen hingegen zeigen dieses übersteigerte Rollenverhalten beispielsweise durch übertriebenes Schminken und Zurechtmachen oder durch das Tragen sehr knapper oder aufreizender Kleidung. Ganz zum Leidwesen besorgter Eltern, was zu weiteren Streitpunkten und Diskussionen führt. Jugendliche erproben sich hier in der Provokation. Sie möchten erfahren, welche Wirkung ihr Auftreten und Aussehen auf ihr direktes oder auch indirektes soziales Umfeld hat.

Eltern haben während dieser Zeit ziemlich zu kämpfen. Sie werden mit ihren eigenen Ängsten und Sorgen konfrontiert. Die Sorge, dass das eigene Kind einem entgleitet und die Angst, das Ansehen und Vertrauen des Kindes zu verlieren, sind häufige Gefühle in dieser Phase. Unsere Kinder machen es uns nicht gerade leicht. Aber Sie, liebe Eltern, müssen loslassen können und Ihrem Kind die Chance geben, groß zu werden.

Umso mehr ein Jugendlicher während der Pubertät rebelliert, desto besser. Denn dann ist sein Drang nach Freiheit, Autonomie, Selbstverwirklichung und der Loslösung von den vorgelebten Werten und Normen der Eltern sehr stark. Lassen Sie Ihr Kind, welches nun keines mehr ist, ziehen. Die am stärksten rebellierenden Teenies kommen meist als gut gefestigte, starke, selbstbewusste junge Erwachsene zurück. Und sie kommen gern. Dann spricht man von einer gelungenen Loslösung vom Elternhaus und einer abgeschlossenen Pubertät.

Die Peer-Group und ihr Stellenwert

WAS IST DIE PEER-GROUP? WIE WICHTIG IST DIE PEER-GROUP?

Der Fachbegriff Peer-Group stammt aus der Soziologie und der Pädagogik und beschreibt eine Gruppe gleichrangiger Individuen. Die Peer-Group ist also eine Bezugsgruppe mit ähnlichen Interessen und freundschaftlichem Verhältnis. Dies kann der direkte Freundeskreis im gleichen Alter, also die Clique, sein, aber auch Menschen einer unterschiedlichen Altersgruppe, die dieselbe Musik hören, auf dieselben Festivals gehen oder dasselbe Videospiel spielen. Es ist möglich, dass der Kontakt zur Peer-Group überwiegend oder ausschließlich über das

Internet, beispielsweise über die gängigen Social-Media-Plattformen wie Instagram und TikTok stattfindet. Gerade, wenn Ihr Kind eine besondere Musikrichtung bevorzugt oder ein eher unbekanntes Videospiel spielt, finden sich Gleichgesinnte oft nicht in der direkten Nachbarschaft. Wenn Sie Ihr Kind häufig mit dem Smartphone vor dem Gesicht sehen, erweckt dies schnell den Anschein, dass Ihr Kind überhaupt keine echten Freunde mehr hat.

Natürlich ist es möglich, dass gerade reale Freundschaften in der Zeit der Pubertät vernachlässigt oder vollständig aufgegeben werden, denn alles befindet sich gerade im Umbruch. Freunde aus Kindertagen entwickeln sich womöglich schneller, langsamer oder in eine ganz andere Richtung als das eigene Kind. Sie sollten Ihrem Kind nicht vorschreiben, mit wem es befreundet sein soll, denn auch, wenn Teenager häufig behaupten, es sei ihnen egal, was die Eltern über ihre Freunde denken, beschäftigt es sie meist doch sehr. Die beste Freundin aus Grundschulzeiten ist jetzt vielleicht „uncool" geworden.

Waren sie früher unzertrennlich, so kann es gut sein, dass sie sich heute einfach gegenseitig nicht mehr brauchen. Freundschaften während der Pubertät verlagern sich häufig in den Bereich der Online-

Bekanntschaften und Online-Freundschaften. Der Radius wird erweitert, man ist nicht mehr nur mit den Kindern aus der eigenen Klasse befreundet. Die Interessen ändern sich und die Kinder, oder besser gesagt Teenager, strecken ihre Fühler aus. Sie suchen das Weite; das Nahe ist bereits bekannt.

Das Dazugehören ist nun ein besonders großes Thema. Der Jugendliche möchte zu einer von ihm eigenständig ausgewählten Gruppierung gehören. Womöglich auch zu einer Gruppierung, von der Sie keine Ahnung haben. Oder auch zu einer Gruppierung, die extreme Meinungen vertritt und eher auf Ablehnung durch die übrige Gesellschaft stößt. Die Zuordnung zu einer gewissen, selbst gewählten Gruppe ist enorm wichtig für die Bildung der eigenen Identität.

Der Jugendliche bewegt sich also von seinem behütenden Elternhaus, in welchem es, bedingt durch seine Entwicklung, immer häufiger zu Reibereien kommt, in Richtung der Peer-Group, wo er auf Zuspruch durch Gleichgesinnte trifft. Mit fortschreitender Pubertät wird auch die Peer-Group immer wichtiger und erlangt einen wesentlich höheren Stellenwert als das eigene Elternhaus. Sie sind dann erst einmal abgeschrieben, liebe Eltern, denn mit der Macht der Peer-Group und mit deren Coolness können Sie leider nicht mithalten. Der Jugendliche vertraut seiner Peer-Group eher ein Geheimnis an als Ihnen. Und wenn die Peer-Group dem Jugendlichen weismachen will, dass die Erde flach ist und der Mond ein Hologramm, dann wundern Sie sich bitte nicht – er wird es höchstwahrscheinlich glauben und Sie können sich den Mund fusselig reden. Sie haben schlicht und einfach Unrecht – drastisch ausgedrückt. An diesem Beispiel möchte ich noch einmal die Macht der Peer-Group deutlich machen.

MÄDCHEN UND JUNGEN IN DER PUBERTÄT – WO LIEGEN DIE UNTERSCHIEDE?

Die Pubertät ist für Jungen und Mädchen gleichermaßen eine aufregende und schwierige Phase zugleich. Einiges haben beide Geschlechter gemeinsam, aber es gibt auch große Unterschiede in Wahrnehmung, Tempo der Entwicklung und Verhaltensweise. Man könnte sogar sagen, dass Mädchen eine ganz andere Pubertät erleben und durchmachen als Jungen. Mädchen zeigen während der Pubertät eher nach innen gerichtete Verhaltensweisen.

So kommen beispielsweise Essstörungen bei Mädchen viel häufiger vor als bei Jungen. Wobei dieser Trend auch bei Jungen zunehmend zu beobachten ist. Jungen zeigen im Gegensatz zu Mädchen eher nach außen gerichtete Verhaltensweisen. Aggressionen und aggressives Verhalten treten bei Jungen in der Pubertät wesentlich häufiger auf. Jungen leiden nicht selten schon weit vor der Pubertät unter psychosomatischen Erkrankungen und Identitätsfindungskrisen. Sie werden schon im Kindergarten und in der Grundschule eher als „Problemkinder" wahrgenommen.

Auch ADHS, also Hyperaktivität, wird in Kindergarten- und Grundschulalter öfter bei Jungen diagnostiziert als bei Mädchen. Jungen haben in diesem Alter aber leider kaum verfügbare Rollenvorbilder, an denen sie sich orientieren können. Kindergarten und Grundschule sind von Frauen dominiert. Die Auswahl an männlichen Vorbildern ist rar. Die Dichte an verfügbaren männlichen Rollenvorbildern nimmt erst in der weiterführenden Schule wieder zu. Genau dann, wenn die Jungen in die Pubertät kommen oder kurz davor stehen. Kleine Jungen neigen während dieser Zeit dazu, sich von allem zu distanzieren, was in ihren Augen weiblich ist.

Puppen und Ponys werden gemieden, die Farben Rosa und Pink ebenfalls. Und es kann gut sein, dass ein Junge in diesem Alter einen mittelschweren Nervenzusammenbruch erleidet, wenn er aus einem lila Becher trinken soll. Denn auch das ist eine Mädchenfarbe und er ist doch schließlich ein Junge.

Während Jungen also schon vor der Pubertät mit der Findung der eigenen Identität kämpfen, geht es bei Mädchen meist mit Einritt in die Pubertät erst so richtig los. Mädchen klagen während der Pubertät öfter über Beschwerden und Unwohlsein und gehen öfter zum Arzt. Symptome sind beispielsweise Kopfschmerzen, Unruhe, Nervosität und Konzentrationsschwierigkeiten. Hinzu kommen mit Einsatz der Regelblutung die Unterleibskrämpfe.

Der Gebrauch von Suchtmitteln findet bei Jungen und Mädchen im weiteren Verlauf der Pubertät gleichermaßen statt. Jungen pflegen aber, laut Statistiken, einen exzessiveren Umgang damit. Jungen sind häufiger „sturzbetrunken" als Mädchen. Es gibt etwa dreimal mehr alkoholabhängige Jungen und junge Männer als Mädchen und junge Frauen. Jungen sind auch wesentlich öfter in Unfälle verwickelt als Mädchen. Dies ist beispielsweise durch Mutproben, wie irgendwo hinaufzuklettern oder herunterzuspringen, zu erklären. Oder durch unvorsichtiges und riskantes Fahrverhalten im späten Verlauf der Pubertät. Aber bereits in jüngeren Jahren zeichnet sich diese Tendenz ab: Jungen gehen öfter über die Straße, ohne vorher nach rechts und links geschaut zu haben.

Ein weiteres großes Thema sind die Schönheitsideale. Bei manchen Mädchen setzt die Periode schon mit nur neun Jahren ein. Kein Wunder also, dass diese große Veränderung von Mädchen zur Frau von vielen Mädchen als störend oder gar angsteinflößend empfunden wird. Sie stellt junge Mädchen auch vor neue Herausforderungen. Mit den Freundinnen ins Schwimmbad gehen? Fehlanzeige.

Die wenigsten Mädchen verwenden direkt zu Anfang der Periode einen Tampon. Und mit Binde in der Unterhose kann man nicht ins Schwimmbad gehen. Aber auch viele andere Sportarten leiden erst einmal, da sie mit einer Binde ausgeführt sehr unangenehm werden. Reiten beispielsweise, aber auch Radfahren, Turnen oder Ballett. Es fühlt sich immer so an, als wäre die Windel verrutscht. Dies sorgt verständlicherweise für Frust. Gerade, wenn man die Erste im Freundeskreis ist und alle anderen Mädchen noch unbeschwert Kind sein dürfen.

Mädchen sind während der Pubertät allgemein unzufriedener mit ihrem äußeren Erscheinungsbild als Jungen und empfinden sich häufiger als zu dick. Mädchen sind aber auch aufmerksamer den Dingen gegenüber, die in ihrem Körper vor sich gehen. Sie spüren oft schon, wenn ihre Periode bevorsteht, auch, wenn diese anfänglich noch sehr unregelmäßig kommt.

Während die Unzufriedenheit bei Mädchen im Laufe der Pubertät weiter zunimmt, nimmt sie bei Jungen hingegen weiter ab. Ein Grund hierfür kann sein, dass die natürliche Gewichtszunahme nicht mehr dem gängigen Schönheitsideal der schlanken Frau, die für immer den Körper einer vierzehnjährigen behält, entspricht. Jungen hingegen bauen Muskeln im Laufe der Pubertät weiter auf und verlieren ihr schlaksiges Erscheinungsbild. Dies lässt sie männlicher erscheinen und sorgt so für mehr Zufriedenheit bei Jungen und jungen Männern. Grundsätzlich gibt es jedoch stärkere Unterschiede zwischen den einzelnen Kindern als zwischen den Geschlechtern.

Auch die Wahrnehmung und Verarbeitung der Veränderungen unterscheidet sich. Mädchen kommen im Schnitt zwei bis drei Jahre früher in die Pubertät als Jungen. Manchmal schon mit neun Jahren. Der Beginn der Pubertät zeigt sich bei Mädchen weniger auf körperlicher, dafür aber umso mehr auf emotionaler Ebene. Mädchen schwanken oft zwischen himmelhoch jauchzend und zu Tode betrübt.

Sie erleben heftigere Stimmungsschwankungen als Jungen. Schuld daran ist zu einem nicht gerade geringen Anteil der Östrogenstoffwechsel. Dies spiegelt sich auch im Selbstbild und der Wahrnehmung des eigenen Körpers wider. In der einen Sekunde ist dieser ätzend, eklig und hässlich und im nächsten Moment wird er durch aufreizende Kleidung und Accessoires in Szene gesetzt. Leidet ein Mädchen unter Akne, trägt dies nicht gerade positiv zur Selbstwahrnehmung bei. Akne kommt auch bei Jungen vor, aber diese leiden psychisch nicht so sehr darunter wie Mädchen. Mädchen suchen zu Beginn, aber auch im weiteren Verlauf der Pubertät, vor allem die Konfrontation mit der eigenen Mutter. Denn Sie, als Mutter, sind das direkte weibliche Rollenvorbild. Dieses wird nun infrage gestellt und auf Belastbarkeit und Standhaftigkeit überprüft. Mädchen provozieren ihre Mütter und beleidigen diese auch nicht selten.

Jungen hingegen starten körperlicher in die Pubertät. Zuerst wachsen die Füße und die Extremitäten, also Arme und Beine. Dies führt zu einer

Disproportionalität und zu Problemen mit der Balance. Der Junge sitzt nicht mehr gerade auf dem Stuhl oder rutscht permanent auf diesem herum? Das liegt daran, dass seine Beine plötzlich zu lang oder sogar ungleich lang geworden sind. Als Nächstes folgt der Stimmbruch, der durch das Wachstum des Kehlkopfes eingeleitet wird. Die Stimme wird zunächst kratzig oder höher als zuvor, bevor sie tiefer wird.

Jungen vergessen häufiger die Körperpflege, wie das Waschen und Duschen, als Mädchen es tun. Während Mädchen eher in den Schönheitswahn verfallen und Schminke und andere Körperpflege-produkte, wie Tages- und Nachtcreme, Rasiergel, Schaumfestiger und Körpermilch an sich ausprobieren, machen Jungen zu Beginn der Pubertät oft einen ungepflegten Eindruck.

Der Junge begehrt eher gegen den Vater auf, denn dies ist sein direktes männlichen Rollenvorbild. Der Junge schwankt zwischen Wut und Aggression, die er ungehemmt an Eltern und Geschwistern sowie dem näheren Umfeld auslässt und wieder kleinkindhaftem Verhalten. Es erweckt zeitweise den Anschein, als entwickle er sich rückwärts.

Das männliche Gehirn benötigt mehr Zeit zum Umbau und ist zu einem späteren Zeitpunkt damit fertig. So bleiben Jungen und junge Männer meist länger impulsiv als Mädchen und junge Frauen. Forscher versuchen, so die erhöhte Anfälligkeit für Sucht und die höhere Unfall- und Verletzungsquote bei Jungen zu erklären.

Identitätsfindung ist für Jungen und Mädchen gleichermaßen von den verfügbaren Rollenvorbildern abhängig. Die bekannten Unterhaltungsmedien liefern hier selten vernünftige und annehmbare Rollenvorbilder. Unterstützen können Sie als Familie Ihr Kind, indem Sie selbst klare Rollenvorbilder sind und diese ausleben, aber auch Zugang zu annehmbaren Vorbildern schaffen. Sprich: Echte Menschen, die ein normales Leben führen, und weniger die schlanken oder schönheitsoperierten Influencer und Stars, die ihr luxuriöses Leben im Internet und Fernsehen zur Schau stellen, denn dies entspricht einfach nicht der Realität.

Pubertät und Schule – Lässt sich das überhaupt vereinen?

Jungen und Mädchen in der Pubertät scheinen alles andere im Sinn zu haben, außer das Lernen für die Schule. Alles ist wichtiger: die Freunde, das Internet, neue Kleidung, was der Lieblings-YouTuber so treibt und natürlich die Planung für das kommende Wochenende. Pubertät und Schule scheinen einfach nicht vereinbar zu sein. Für Klausuren wird kaum noch gelernt, die Noten werden immer schlechter und Sie, liebe Eltern, müssen Ihren pubertierenden Sprössling ständig daran erinnern, dass in Deutschland eine Schulpflicht besteht.

Dabei gibt es aber Strategien, wie man einem pubertierendem jungen Menschen das Lernen für die Schule erleichtern kann. Wichtig ist, die Hintergründe zu verstehen. Nicht alles, was passiert, passiert aus purer Boshaftigkeit und der Freude an Provokation; vieles, wohlgemerkt, aber nicht alles.

Der Bio-Rhythmus unserer Kinder ändert sich etwa in der Hochphase der Pubertät zwischen dem zwölften und sechzehnten Lebensjahr. Die Jugendlichen sind dann abends länger wach und das Aufstehen fällt morgens schwer.

Das Gehirn ist schlicht und einfach zu dieser Zeit morgens noch nicht richtig wach. Also weder aufnahmefähig noch bereit, Lerninhalte richtig zu verarbeiten. In den meisten Schulen startet der Unterricht entweder um acht Uhr oder um Viertel nach acht. Die ersten beiden Schulstunden sind also die schwierigsten. Wenn nun in den ersten beiden Schulstunden wichtige Fächer wie Deutsch, Mathematik, Englisch, Chemie, Physik oder dergleichen stattfinden, ist ein Misserfolg in diesem quasi vorprogrammiert. Oder das Lernen für diese fällt besonders schwer, weil im Unterricht besprochene Inhalte von dem müden Gehirn nicht richtig verarbeitet werden können. Hier kollidiert die Pubertät mit dem aktuellen Schulsystem in Deutschland.

Forscher appellieren schon länger für einen späteren Schulstart. Auch passen manche sensiblen Lehrkräfte ihre Methoden und Unterrichtsinhalte an die aktuellen Bedürfnisse ihrer Schüler an. Natürlich nur, solange der gegebene Lehrplan dies auch zulässt. Lehrpläne und Stundenpläne sind leider oft sehr starre Strukturen, die wenig Handlungsalternativen bieten. Sie stellen somit ganz oft ein Hindernis für das optimale und an die Bedürfnisse der jeweiligen Schüler angepasste Lernen dar.

Gut zu wissen ist auch, dass ein Teenager oft besser lernt, wenn er leichtem Stress ausgesetzt ist. Das klingt erst einmal seltsam, erklärt aber, wieso viele Jugendliche erst auf den letzten oder allerletzten Drücker für bevorstehende Tests oder Klausuren lernen. Ebenfalls reagiert das Gehirn eines Menschen in der Pubertät viel besser auf Belohnung als auf Bestrafung. Sie können Ihrem Kind also frühzeitig damit unter die Arme greifen, indem Sie gemeinsam Lernstrategien entwickeln, die auf Belohnung und

Selbstkontrolle basieren. Am besten eignet sich dafür die Anfangsphase der Pubertät. Hier sind Sie als Eltern noch viel tiefer in die Prozesse des schulischen Lernens eingebunden. Sie kontrollieren zum Beispiel noch die Hausaufgaben oder beaufsichtigen diese sogar. Sie fragen Vokabeln ab oder hören sich als Probe-Publikum die Generalprobe der Präsentation an.

Genau das ist die optimale Phase, in der Sie gemeinsam mit Ihrem Kind neue Lernstrategien erproben können. Lernt Ihr Kind besser in absoluter Stille oder bevorzugt es, leise Musik im Hintergrund zu hören? Lernt Ihr Kind gut in einer kleinen Lerngruppe mit anderen Kindern aus der eigenen Schulklasse oder ist es in diesem Umfeld zu sehr abgelenkt, sodass das Lernen zu kurz kommt? Es gibt viele Möglichkeiten, die Sie mit Ihrem Kind ausprobieren können. Ermutigen Sie Ihr Kind, eigene Ideen einzubringen und seien Sie offen, diese auszuprobieren. Je früher sich optimale Strategien bei Ihrem Kind festigen, desto besser; dann gibt es später weniger Probleme beim Lernen.

Eine Möglichkeit zur Motivation ist beispiels-weise, die Absprache zu treffen, dass zuerst eine vorher festgelegte Anzahl an Aufgaben bearbeitet wird, bevor zur Belohnung der Fernseher oder die Konsole angeschaltet werden darf oder bevor man sich mit Freunden verabreden darf. Es ist sicherlich genauso sinnvoll, einen Lernplan vor einem Test oder einer Klausur zu erstellen. Dieser legt fest, welche Aufgaben oder Themen an welchem Tag und in welchem Umfang bearbeitet, geübt oder wiederholt werden sollen.

So hat Ihr Kind einen Überblick über alle wichtigen Lerninhalte, die in dem Test oder der Klausur vorkommen. Der Lernplan stellt sicher, dass nichts in Vergessenheit gerät und regelt klar und deutlich, wann etwas für die Schule getan wird und wann die Freizeit nach eigenen Wünschen gestaltet werden kann. Anfangs rate ich Ihnen, den Lernplan mit Ihrem Kind gemeinsam zu erstellen.

Später, wenn Ihr Kind dann sicher im Umgang mit diesem ist und die Aufgaben gewissenhaft einteilen und bearbeiten kann, dürfen Sie sich ruhig aus diesem Prozess zurückziehen. Ziel sollte sein, dass der Teenager bereits vor dem bevorstehenden Kopf-Chaos für sich optimale Lernstrategien verinnerlicht hat und diese anwenden kann, ohne groß darüber nachdenken zu müssen. Das Gehirn hat im jugendlichen Alter ganz oft die berühmte „lange Leitung": Abstrakte Gedankengänge, logische Folgen und das „Um die

Ecke"-Denken fällt ihm schwer oder ist zeitweise sogar nicht möglich. Erschwerend hinzu kommt die Sache mit der Wahl des späteren Berufes. Manche Jugendliche scheinen schon einen genauen Plan zu haben, welchen Beruf sie später einmal ausüben wollen. Andere hingegen tun sich schwer. Wie können wir es ihnen übel nehmen?

Das soziale System, in dem wir leben, drängt Jugendliche dazu, in der Zeit, die durch all die vielen Veränderungen, körperlich und geistig, schon anstrengend genug für sie ist und für mehr als genug Unsicherheit sorgt, den Beruf zu wählen, den sie nach dem Schulabschluss erlernen wollen und am besten ihr Leben lang ausüben sollen. Und ihnen läuft dabei die Zeit davon. Den Schulabschluss erlangen unsere Kinder, je nach Schulform, zwischen dem fünfzehnten und dem zwanzigsten Lebensjahr. Also mitten in der Hochphase der Pubertät.

Und auch die Berufsausbildung oder das Studium fallen größtenteils noch in die späte Phase der Pubertät. Jugendliche und junge Erwachsene sind gerade in diesen beiden Phasen der Pubertät vor allem mit der Findung der eigenen Identität beschäftigt. Die Vorstellungen davon, wer und wie man sein möchte, können sich dabei täglich ändern. Eine verbindliche

Entscheidung in Sachen Berufswahl zu treffen, ist somit nicht einfach. Verurteilen Sie Ihr Kind also nicht dafür, wenn es Umwege geht, einen zweiten oder dritten Anlauf braucht oder sich letztendlich doch anders entscheidet. Auch hier gilt wieder „Viele Wege führen ins gelobte Land – und Umwege erhöhen lediglich die Ortskenntnis!"

Zimmer aufräumen – Wie das Thema Ordnung nicht zum Drama wird

Mit Eintritt in die Pubertät werden unsere Kinder auf einmal sehr unordentlich. Muffige Zimmer, das Lüften wird überbewertet, die Heizung kennt nur noch Stufe fünf, denn man friert ja. Gegen den üblen Geruch werden Deo und Parfüm gesprüht. Was am eigenen Körper gut riecht, kann ja schließlich dem Zimmer nicht schaden, oder? Es befinden sich Berge von schmutziger Wäsche auf dem Fußboden und auf dem Stuhl. Wir alle kennen ihn, den Stuhl. Ist ein Kleidungsstück zu sauber für den Wäschekorb, beziehungsweise in dem Fall den Fußboden, aber zu oft getragen, um es wieder in den Schrank zu legen? Kein Problem! Ab auf den Stuhl damit. Manchmal erkennt man nicht mal mehr, welche Art von Stuhl sich unter dem Haufen an halb dreckiger Wäsche befindet. Es steht einfach ein gigantisch großer Haufen, bestehend aus unzähligen Kleidungsstücken, im Zimmer des Teenagers herum.

Schreibtische werden mit Zetteln, Zeitschriften und allerlei Dingen belagert, die scheinbar sonst nirgends einen Platz gefunden haben. Es befinden sich Chips- und Kekskrümel in und auf dem Bett, welches schon seit Wochen mit ein und demselben Laken auskommen muss. Überall finden sich halb volle Pfandflaschen. Oder sind sie halb leer? Wie man es nimmt.

Das Chaos im Zimmer eines Jugendlichen ist furchtbar und für uns Erwachsene kaum zu ertragen. „Wie können die nur so leben?", fragen Sie sich sicher. So ganz ohne Luft zum Atmen und ohne Platz zum Laufen. Wenigstens einen Gang zum Fenster und zum Bett hätten sie doch frei lassen können, diese unordentlichen Teenies!

Damit die besorgte Mutti wenigstens gelegentlich einmal durchlüften oder das Bett machen kann. Selbst machen die Teenies es jedenfalls nicht.

Ermahnungen werden gekonnt ignoriert und dem elterlichen Einfluss wird sich mit aller Macht erfolgreich entzogen. „Das ist mein Zimmer und du hast mir hier gar nichts zu sagen!"

Was können Sie nur dagegen tun? Es gibt, wie in eigentlich allen Erziehungsfragen, leider kein Patentrezept, keine ultimative Lösung für alles, keinen Masterplan. Aber es gibt dennoch einige Tipps für Sie.

1. Wenn der Teenager schnippisch behauptet, Sie hätten ihm überhaupt nichts zu sagen, es sei ja schließlich sein Zimmer, gut! Machen Sie es so. Übertragen Sie Ihrem Kind die Vollmacht oder die volle Verantwortung für dieses Zimmer. Es soll selbst entscheiden, ob es in einer zugemüllten unordentlichen Bude hausen mag oder ob gelegentlich ein wenig Ordnung zu machen, doch nicht zu viel verlangt ist. Räumen Sie auf keinen Fall für Ihr Kind auf. Es ist alt genug und möchte die Verantwortung doch haben, das hat es selbst sehr deutlich gesagt. Geben Sie sie ihm. Lassen Sie dieses Zimmer los. Verabschieden Sie sich von der Aufgabe, krampfhaft

Ordnung in dieses eine Zimmer bekommen zu wollen. Sparen Sie sich den Atem. Sobald Ihr Sohn oder Ihre Tochter alt genug ist und die Mittel für eine eigene Wohnung hat, muss das mit der Ordnung auch funktionieren. Wie soll ein junger Mensch in der Lage sein, später einmal den eigenen Haushalt allein zu meistern, wenn nicht einmal die Verantwortung für ein einziges Zimmer übernommen werden musste. Aber auch hier können Sie gemeinsam vereinbaren, wo die Schmerzgrenze beziehungsweise die Schmutz-Grenze liegt. Sei es bei schimmligen Essensresten, die auf jeden Fall in die Küche gebracht und dort entsorgt gehören, oder schon beim einmal wöchentlichen Sortieren der schmutzigen Wäsche. Das sollten Sie vorab besprechen, Regeln vereinbaren und Konsequenz festlegen.

2. Chaos im eigenen Zimmer ist in Ordnung. Chaos in den gemeinschaftlich genutzten Räumen wie zum Beispiel in der Küche, im Bad und im Wohnzimmer ist nicht in Ordnung. Dies sollten Sie auch wirklich durchsetzen, denn es bestehen gewisse gesellschaftliche Erwartungen im Umgang und im täglichen Zusammenleben mit anderen Menschen, egal wo. Reste von Zahnpasta oder Bartstoppeln im

Waschbecken, eine nicht richtig gespülte Toilette, eine völlig verwüstete Küche oder gar mit schmutzigen Schuhen durch das gesamte Haus zu wandern, ist schlicht und einfach indiskutabel. Auch wenn es mühsam ist, aber hier sollten Sie wirklich durchgreifen.

3. Geben Sie der Unordnung keinen allzu großen Stellenwert. Äußerliches Chaos spiegelt lediglich das derzeitige Innenleben Ihres Kindes wider. Es kann ebenfalls helfen und guttun, sich offen mit anderen Eltern mit Kindern im selben Alter auszutauschen. Sie werden sehen, dass Sie nicht allein sind mit diesem Problem. Nehmen Sie es mit Humor. Auch diese Phase geht vorbei. Ein unordentliches Teenager-Zimmer sagt noch lange nichts darüber aus, ob Ihr Kind als Erwachsener ein Messi wird oder nicht. Irgendwann macht es „Klick" und Ordnung hat wieder einen Stellenwert. Es ist nicht immer nur Unwilligkeit oder Trotz, manchmal sind andere Dinge einfach wichtiger oder es wird schlicht und einfach vergessen. Ordnung hat in diesem Moment keine Priorität.

4. Wenn dann irgendwann der Moment kommt, in dem Ihr Kind realisiert, dass man auf Chips- und

Kekskrümeln echt ungemütlich schläft, Heizungsluft ohne zwischenzeitliches Lüften Kopfschmerzen macht und man eigentlich viel besser laufen kann, wenn man nicht ständig auf etwas drauftritt oder über etwas drüber stolpert, dann ist Ihr Moment gekommen. Sie dürfen gemeinsam mit Ihrem Kind Strategien zum Aufräumen entwickeln. Dabei ist wichtig, dass Sie ihm nicht wieder alles abnehmen, auch wenn das Zimmer eigentlich beinahe eine Grundsanierung nötig hätte und es Ihnen so sehr in den Fingern juckt. Halten Sie sich vornehm zurück und geben Sie lediglich Hilfestellung. Eine Idee wäre zum Beispiel, erst einmal alles, was nicht in dieses Zimmer gehört, in einen Wäschekorb zu packen und aus dem Raum zu schaffen.

Pfandflaschen, Dosen, schmutzige Wäsche – auch der Stuhl sollte einmal wieder gründlich sortiert werden – leere Verpackungen, benutztes Geschirr und so weiter und so fort. Damit wird erst einmal Platz geschaffen und das eigentliche Aufräumen kann beginnen. Zeigen Sie Ihrem Kind, wie man einen Staubsauger, eine Spülmaschine und eine Waschmaschine bedient. Setzen Sie nicht voraus, dass Ihr Kind diese Dinge einfach so weiß. Teenager können sich manchmal ziemlich ungeschickt anstellen.

Ängste während der Pubertät: Welche das sein können und wie Sie am besten mit diesen umgehen

Wenn unsere Kinder in die Pubertät kommen, sehen wir sie mit einem Mal mit Ängsten konfrontiert, von denen wir geglaubt haben, sie hätten sie schon längst überwunden. Es können aber auch neue Ängste hinzukommen. Es gibt keine Entwicklungsphase ohne Angst.

Es ist wichtig, dass Sie das wissen. Jede Entwicklungs-phase, die ein jeder Mensch früher oder später durch-laufen wird, beinhaltet ihre ganz spezifischen Ängste. Von der frühen Kindheit über erste Übergänge in Kin-dergarten und Schule und den Eintritt in die Pubertät hinweg bis zu der sogenannten Midlife-Crisis und der Menopause bei Frauen: Es gibt keine Ausnahme. So werden unsere Kinder auch in der Pubertät mit diver-sen Ängsten konfrontiert. Welche das typischerweise sein können und wie Sie, liebe Eltern, am besten mit diesen normalen entwicklungsbedingten Ängsten um-gehen, erfahren Sie in diesem Abschnitt.

Ganz aktuell bleiben wohl immer die Angst vor dem Ungewissen und die Angst vor der Veränderung. Es fällt unseren Kindern oft schwer, den ständigen un-aufhaltsamen Wandel am eigenen Körper zu akzeptie-ren. Das Gefühl, sich selbst nicht mehr zu kennen, macht sich breit. Was kommt als Nächstes? Nichts kann bleiben, wie es gerade ist.

Dann wäre da noch die Angst, zu versagen, die nächste Klausur oder Prüfung nicht zu bestehen oder den bevorstehenden Abschluss nicht zu schaffen. Leis-tungsdruck ist auch ein Thema: Manche Jugendliche haben Angst davor, zu scheitern und die Erwartungen von Eltern und Lehrern oder Trainern nicht erfüllen zu können. Niemand steht gern als Versager da.

Die Angst, dem gängigen Schönheitsideal nicht zu entsprechen, ist für viele Teenager ebenfalls ein riesiges Thema. Dies betrifft, wie so oft fälschlicherweise angenommen, nicht nur Mädchen, sondern auch immer mehr Jungen.

Dann wären da noch die Existenzängste und die Angst vor der Zukunft. Diese Ängste können sowohl die unmittelbar bevorstehende Zukunft des Einzelnen betreffen, aber auch die in weiter Ferne liegende, mögliche Zukunft der allgemeinen Weltbevölkerung. So haben einige Jugendliche zum Beispiel große Angst vor Katastrophen, Terroranschlägen, Kriegen und dem Weltuntergang. Eine Ursache hierfür kann der vermehrt unbeaufsichtigte Konsum von Medien und die mangelhafte Verarbeitung und Aufarbeitung der gesehenen Inhalte sein. Vor allem im Netz kursieren teils unzureichend belegte Verschwörungstheorien, die einem jungen Menschen einfach eine gehörige Angst einjagen können. Aber diese grundlegende Angst vor körperlicher Vernichtung existiert auch unabhängig von den in den Medien gezeigten Inhalten. Vor allem der Umgang mit diesen Vernichtungsängsten stellt Eltern vor eine besondere große Herausforderung und oft wissen Eltern hier nicht weiter. Wer hört sein eigenes Kind schon gern über Angst vor Katastrophen sprechen und den Wunsch äußern, „dann doch lieber direkt tot zu sein". Kaum ein Elternteil steck derartige Äußerungen des eigenen Nachwuchses ohne Weiteres weg. Auch, wenn Sie sich Ihre eigenen Unsicherheiten und Ihre Bedenken vor Ihren Kindern nicht anmerken lassen wollen, beschäftigt es Sie doch spätestens im letzten Gedanken vorm Einschlafen.

Doch wie sollten Sie denn nun am besten auf Ängste Ihrer Kinder reagieren?

Geben Sie Sicherheit und hören Sie zu, wenn Ihr Kind die Bereitschaft zeigt, sich zu öffnen und über seine Ängste sprechen möchte. Seien Sie sensibel und akzeptieren Sie die Ängste Ihres Kindes, auch, wenn diese ihnen sehr banal, völlig übertrieben oder an den Haaren herbeigezogen vorkommen. Auf keinen Fall sollten Sie die Angst Ihres Kindes herunterspielen oder diese gering schätzen. Auch nicht, wenn Sie es ja doch nur gut meinen, und überstürzt einen Satz wie „Davor musst du aber doch keine Angst haben!", oder „Das ist doch totaler Nonsens!", sagen. Ihr Kind könnte sich dadurch mit seinen Ängsten nicht ernst genommen fühlen und eine Hemmung entwickeln, mit zukünftigen Ängsten vertrauensvoll zu Ihnen zu kommen. Nicht ernst genommene Ängste führen zu unsicheren Kindern, die unsicher und zögerlich handeln.

Was Sie ebenfalls nicht tun sollten, ist, die bestehende Angst unnötig aufzubauschen und weiter zu dramatisieren. Dies kann den Verlust des so grundlegend wichtigen Urvertrauens zur Folge haben.

Sie können Ihre Kinder nicht von allen Ängsten befreien. Die meisten Unsicherheiten sind völlig normal und der Entwicklung geschuldet. Unsere Kinder müssen diese durchlaufen, um weiterzukommen. Das Beste, was Sie tun können, ist, sich die Ängste Ihres Kindes anzuhören und diese anzunehmen. Wenden Sie sich Ihrem Kind zu und bleiben Sie selbst gelassen. Fragen Sie nach, wenn Sie einen Zusammenhang nicht richtig verstanden haben.

Versuchen Sie, diese Phase als wichtigen Entwicklungsschritt zu sehen, den Ihr Kind auf seiner Reise mit dem Ziel des Ankommens im Erwachsenenalter durchlaufen muss. Nicht jedes Kind, das darüber nachdenkt oder die Gedanken äußert, lieber gleich tot zu sein, anstatt zum Beispiel in einer Katastrophe oder im Krieg zu sterben, denkt auch tatsächlich darüber nach, sich das Leben zu nehmen. Das tun tatsächlich die wenigsten.

Woran erkennen Sie, dass Ihr Kind Angst hat, wenn es nicht freiwillig darüber sprechen mag?

Wenn Kindern und Jugendlichen etwas auf der Seele brennt, sie aber selbst noch nicht dazu bereit sind, von sich aus mit der Sprache herauszurücken, erkennt man dies oft an folgenden Verhaltensweisen: Kinder ziehen sich dann zurück, werden zögerlicher und wirken allgemein introvertierter. Sie wollen allein sein, beschäftigen sich viel mit sich selbst und ziehen sich aus sozialen Interaktionen zurück.

Häufig ertappt man sie auch beim Grübeln. Sie scheinen verloren in ihren eigenen Gedanken zu sein. Es kann auch gut sein, dass Kinder im Teenageralter unbekannten Personen gegenüber wieder anfangen zu fremdeln wie ein sehr kleines Kind. Auch das Klammern an einer Bezugsperson – in den meisten Fällen ist das die Mutter – kann wieder auftreten. Bieten Sie sich als Gesprächspartner an, aber drängen Sie sich Ihrem Kind nicht auf. Eine offene und wertschätzende Haltung kann Ihr Kind dazu ermutigen, sich zu öffnen und mit Ihnen über seine aktuell bestehenden Ängste und Sorgen zu sprechen.

PSYCHISCHE ERKRANKUNGEN: WAS TUN, WENN AUS EINER NORMALEN ENTWICKLUNGSBE- DINGTEN ANGST EINE ANGST- STÖRUNG WIRD?

Studien besagen, dass der Ursprung der meisten psychischen Erkrankungen innerhalb der Pubertät liegt. Und dennoch meistern etwa achtzig Prozent aller Jugendlichen diese sensible und intensive Phase der Pubertät, ohne spätere Schäden oder Beeinträchtigungen davonzutragen.

Etwa fünfzehn Prozent der Jugendlichen rutschen in eine temporäre, also zeitlich begrenzte, psychische Krise und nur etwa fünf Prozent aller Jugendlichen entwickeln während der Pubertät schwerwiegende psychische Erkrankungen, die nur mit ärztlicher Hilfe in den Griff zu bekommen sind. Grundsätzlich gilt, je früher die Pubertät einsetzt, desto schwieriger ist der Prozess der Geschlechtsreife für das jeweilige Kind begreifbar und erfolgreich zu meistern.

Das heißt jedoch nicht zwingend, dass alle Kinder, die eher früh in die Pubertät kommen, später unter psychischen Störungen zu leiden haben. Die am häufigsten auftretenden psychischen Reaktionen auf

Belastung bei Jugendlichen und jungen Erwachsenen sind zum Beispiel Unruhe, ein gestörtes Essverhalten oder allgemeine Schwierigkeiten in der Anpassung und im Umgang mit dem sozialen Umfeld.

Ebenfalls aufzuführen sind an dieser Stelle sogenannte Angst- beziehungsweise Zwangsstörungen. Häufig hängen diese Erkrankungen sogar miteinander zusammen und können einen regelrechten Teufelskreis bilden. Ein sportlicher oder vielleicht auch schulischer Misserfolg beispielsweise kann zu dem Drang führen, sich selbst zu bestrafen. Sei es, mit sich selbst rücksichtslos umzugehen, sich selbst zu verletzten oder einfach viel härter zu trainieren, als es für den eigenen Körper gut und gesund ist.

Genauso kann die Angst, im Freundeskreis abgelehnt zu werden oder nicht dem gängigen Schönheitsideal zu entsprechen, dazu führen, zum Beispiel in eine Essstörung wie Magersucht, Anorexie genannt, oder Ess-Brech-Sucht zu verfallen; diese wird als Bulimie bezeichnet. Manchmal bewirkt Ablehnung im direkten oder indirekten sozialen Umfeld aber auch das genaue Gegenteil. Frust verleitet manche Teenager dazu, sich ein „dickeres Fell" anzufressen.

Auch Depressionen kommen viel häufiger vor, als Sie vielleicht erwartet hätten. Vor der Pubertät sind

Jungen und Mädchen etwa gleichermaßen häufig von Depressionen und temporären depressiven Verstimmungen betroffen. Mit Eintritt in die Pubertät ändert sich dies jedoch drastisch. Etwa zweimal bis dreimal mehr Mädchen sind während der Pubertät von Depression oder einer depressiven Verstimmung betroffen.

Und dennoch bleiben Depressionen sehr oft lange unentdeckt. Anzeichen hierfür können unter anderem das schleichende Vernachlässigen der sonst so gern ausgeübten Hobbys sowie das vollständige Zurückziehen aus dem sozialen Umfeld und der Kontaktabbruch zu sämtlichen sozialen Kontakten und Interaktionen sein. Ebenfalls ist bei von Depressionen betroffenen Jugendlichen und jungen Erwachsenen ein Abfallen der schulischen Leistungen zu beobachten. Hinzu kommen Appetitlosigkeit sowie Schlaf- und Einschlafprobleme und permanente Müdigkeit. Junge Erwachsene, die an Depressionen oder ähnlichen Problematiken zu leiden haben, fühlen sich zudem oft antriebslos und befinden sich in einer traurigen Grundstimmung.

Fällt Ihnen nun auch auf, warum es so schwierig ist, eine echte Depression von normalen entwicklungsbedingten Befindlichkeiten, die während der Pubertät auftreten können, zu unterscheiden? Die Symptomatik ist sehr ähnlich, wenn nicht sogar identisch. Aus diesem Grund kann man häufig nicht richtig unterscheiden, ob es sich nun lediglich um eine melancholische Phase der Entwicklung handelt oder ob bereits eine schwerwiegende psychische Erkrankung vorliegt. Sollten die Symptome über einen längeren Zeitraum andauern, ist es ratsam, ärztliche Beratung in Anspruch zu nehmen.

Zehn nützliche Tipps für Eltern am Rande des Wahnsinns – So können Sie Ihr Kind während der Pubertät unterstützen

Sind wir nun einmal ehrlich mit uns selbst: Wir möchten, dass diese Zeit möglichst schnell vorbeigeht. Die Pubertät ist anstrengend und nervig – und das für alle Beteiligten. Nicht nur für Eltern und Geschwister, Großeltern, Lehrer, Trainer und das gesamte nähere Umfeld, sondern vor allem auch für den jungen Menschen, der sie selbst durchlebt. Das soll auch nicht verharmlost oder heruntergespielt werden, es ist nun einmal eine turbulente Zeit, die aber auch sehr schön sein kann und voller neuer Möglichkeiten steckt. Nachfolgend habe ich zehn nützliche Tipps für Sie, liebe Eltern, zusammengestellt, die Ihnen zu einem entspannteren Alltag im Pubertätschaos verhelfen sollen.

1. Akzeptanz und Unterstützung: Akzeptieren Sie die Pubertät als das, was sie ist: Eine turbulente Zeit der Abnabelung und Veränderungen. Sie ist vergleichbar mit einem Sprung ins Ungewisse, aus einer Höhe, die nur schwer bis gar nicht einschätzbar ist, in einem Körper steckend, der plötzlich nicht mehr der eigene zu sein scheint. Und unterstützen Sie Ihr Kind während dieser wichtigen Zeit des Wandels.

2. Grenzen setzen: Regeln sind dennoch gerade jetzt besonders wichtig. Denn sie geben Sicherheit und schaffen einen Rahmen in einer Zeit, in der nichts mehr beständig zu sein scheint. Beziehung statt

Erziehung lautet nun die Devise. Sie selbst können sich nun ebenfalls in einer völlig neuen Rolle erproben. Sie sind nicht mehr der bevormundende Erwachsene, der alles allein entscheidet und dessen Entscheidungen nicht hinterfragt werden. Vielmehr ist die Beziehung zu Ihrem Kind nun eine eher partnerschaftliche und freundschaftliche. Seien Sie dennoch verlässlich und begegnen Sie Ihrem Kind mit liebevoller Konsequenz.

3. Freiräume lassen und Vorbild sein: Halten Sie sich selbst unbedingt auch an getroffene Absprachen und bestehende Regeln. Erziehung ist keine Einbahnstraße. Stellen Sie sich selbst nicht auf eine höhere Stufe. Natürlich gibt es Dinge, die Kinder und Jugendliche nicht tun dürfen, Erwachsene jedoch schon. Auto zu fahren, ist hier ein ganz simples Beispiel. Wer die Voraussetzungen erfüllt, volljährig zu sein und im Besitz eines Führerscheins ist, darf Auto fahren. Darum soll es hier aber gar nicht gehen. Gemeint sind die Regeln und Absprachen, die Sie als Eltern mit Ihren Kindern innerhalb der Familie getroffen haben. Alle Beteiligten haben sich gleichermaßen an diese Regeln zu halten. Die Erwachsenen sollten keine hoheitlichen Rechte in dieser Hinsicht gegenüber ihrer Kinder haben. Willkür und ungerechtes Verhalten wirken sich

gerade während der Pubertät negativ auf die Beziehung zwischen Eltern und Kindern aus.

4. Kommunikation: Besprechen Sie die Regeln, die Sie aufstellen, und formulieren Sie gegebenenfalls Ihre Bedenken und die eigenen Ängste – keine Willkür walten lassen. Auf die Frage „Warum?" mit „Weil ich es sage!" zu antworten, ist keine gute Idee und führt unweigerlich zu Widerstand. Stellen Sie zusammen verständliche Regeln auf und legen Sie gemeinsam fest, was bei einem Regelverstoß geschieht. Sie können beispielsweise einen „Vertrag" für besonders wichtige Regeln erstellen, der von allen Beteiligten unterschrieben wird. Bei einem Verstoß gegen die Regel sollte die im Vorfeld vereinbarte Konsequenz ohne Diskussion durchgezogen werden.

5. Vertrauen: Zugegeben, es mag nicht immer einfach sein, seinem wild pubertierenden, Türen knallenden, Widerworte gebenden Teenager zu vertrauen, aber es ist wichtig, eine gesunde Balance zwischen Vertrauen und Kontrolle, zwischen Loslassen und Festhalten zu finden. Manchmal tut ein sogenannter Vertrauensvorschuss gut.

6. Streitkultur pflegen: Kommunizieren Sie Argumente sachlich und bringen Sie Ihre Gefühle verständlich zur Sprache. Erlauben Sie auch Ihrem Kind, seinen Standpunkt zu vertreten, auch, wenn dieser Sie kritisiert, und ermutigen Sie es zu einer regen Streitkultur.

7. Fehlerfreundlichkeit: Reiten Sie nicht auf Fehlern oder Missgeschicken herum! Fokussieren Sie sich auf das Positive. Fehler dürfen passieren. Sie dienen dazu, es beim nächsten Mal anders zu machen. Ein offener Umgang mit Fehlern nimmt den Druck aus Situationen und sorgt für ein entspannteres Miteinander.

8. Verantwortung übergeben: Übertragen Sie Ihrem Kind Aufgaben und lassen Sie es Verantwortung übernehmen. Es gibt unzählige Möglichkeiten, die Energie der Teenies in eine sinnvolle Richtung zu lenken. Dies sorgt für Ihre eigene Entlastung und fördert gleichzeitig die Selbstständigkeit auf dem Weg in Richtung Erwachsenwerden.

9. Erinnern Sie sich an Ihre eigene Teenagerzeit und teilen Sie diese mit Ihrem Kind. Was haben Sie gern gemacht? Welche Musik haben Sie gehört? Was waren

die besonders schönen Erlebnisse? Was war für Sie vielleicht schwierig oder die größte Herausforderung? Gespräche dieser Art finden auf Augenhöhe statt und stärken das Band zwischen Eltern und Kindern.

10. Und zu guter Letzt bleibt nur noch zu sagen: Nicht aufgeben! Es geht vorbei. Bleiben Sie stark!

Abschließende Worte – Was brauchen Jugendliche?

Jugendliche brauchen Freiräume. Sie brauchen Platz, um sich entfalten und entwickeln zu können. Sie brauchen aber vor allem auch ein verständnisvolles Elternhaus, das sie auffängt, wenn nach dem Höhenflug der Fall kommt. Sie brauchen Menschen in ihrem Umfeld, die die Welt des Jugendlichen verstehen, sich für diese interessieren und sich auf sie einlassen können und wollen. Sie brauchen jemanden, der sie ernst nimmt mit ihren Problemen und Sorgen. Egal, wie stark und cool sie wirken möchten, sie brauchen das Gefühl, im Ernstfall nach Hause kommen zu können, ohne verurteilt zu werden. Sie brauchen jemanden, der sie durch schwierige Zeiten begleitet. Sie müssen wissen, dass sie zu Hause Unterstützung finden, wenn sie diese brauchen. „Es gibt nichts, was du zu Hause nichts erzählen darfst." Sie brauchen starke, geduldige Eltern und den Rückhalt der Familie. Sie brauchen eine stabile Beziehung zu ihren Eltern, aber auch die Chance, sich von diesen abzunabeln und loszulösen.

Und Sie, liebe Eltern? Was brauchen Sie? Das können Sie selbst vermutlich am besten beantworten. Tun Sie gelegentlich etwas für sich, damit auch Sie wieder auftanken können. Dem alltäglichen Wahnsinn stellt man sich am besten mit vollgeladenen Akkus. Sie dürfen nicht vergessen, dass Sie nicht nur Mutter oder Vater sind, sondern auch beste Freundin, bester Freund von jemandem. Sie sind Mann und Frau, Ehepartner, vielleicht sind Sie Sportler, Tänzer, Buchliebhaber oder Saunagänger. Was auch immer es ist, was Sie persönlich glücklich macht – tun Sie es. Sie haben es sich verdient.

Herstellung und Verlag:
BoD – Books on Demand, Norderstedt
ISBN: 9783755779087

1. Auflage
Kontakt: Psiana eCom UG/ Berumer Str. 44/ 26844 Jemgum
Covergestaltung: Fenna Larsson
Coverfoto: depositphotos.com